AF586887

ARREST DU CONSEIL D'ÉTAT DU ROI,

PORTANT confirmation des Statuts des Bonnetiers.

EXTRAIT DES REGISTRES DU CONSEIL D'ÉTAT DU ROI,

Du mois de Mai 1638.

LOUIS, PAR LA GRACE DE DIEU, ROI DE FRANCE ET DE NAVARRE : A tous présens & à venir, SALUT. Nos bien-amés les Maîtres du Métier de Bonnetier de notre bonne Ville de Paris, faisant le cinquiéme Corps des Marchands de notredite Ville, Nous ont fait remontrer que n'ayant depuis notre avenement à la Couronne, fait confirmer par Nous les Ordonnances & Statuts dudit Métier, *ratifiés* & approuvés par les Rois Henri II, Charles IX, nos Prédéceſſeurs, & Henri le Grand, notre très-honoré Seigneur & Pere (que Dieu abſolve) au mois de Janvier 1549, Mars 1563, & Février 1608, par Lettres Patentes regiſtrées en notre Cour de Parlement & Châtelet de Paris, ils ont aviſé & jugé à propos d'en pourſuivre la confirmation; & d'autant que pour le bien public de leur Communauté, ils ont eſtimé qu'il étoit néceſſaire qu'il y eût doreſnavant ſix Maîtres & Gardes de ladite marchandiſe de Bonneterie, deux anciens & quatre jeunes, pour exercer ladite Charge pendant deux années, au lieu de quatre qu'ils avoient ci-devant accoutumé d'élire ſeulement; & qu'ayant préſenté leur Requête à notre Procureur audit Châtelet, à ce que vû le conſentement de tous les Maîtres de ladite Communauté, il eût agréable qu'en procédant aux élections & nominations qu'ils feroient ci-après annuellement deſdits Maîtres & Gardes, ils en puſſent choiſir & nommer trois, au lieu de deux. Notredit Procureur a été d'avis, ſous notre bon plaiſir, qu'en établiſſant ſix Gardes de ladite marchandiſe de Bonneterie, au lieu de quatre, le Public n'y ſouffrira aucun interêt ni dommage. Les Expoſans Nous ont très-humblement requis & ſupplié vouloir confirmer les anciens Statuts, Ordonnances & Reglemens de leur Communauté, approuver & ratifier l'addition & nouvel établiſſement de ſix Maîtres & Gardes, au lieu de quatre ; & leur octroyer nos Lettres ſur ce néceſſaires : Sçavoir faisons, qu'ayant fait voir en notre Conſeil les anciens Statuts de ladite Communauté, les Lettres de confirmation d'icéux, les Arrêts de Regiſtrement le conſentement au nouvel établiſſement de ſix Maîtres & Gardes de ladite marchandiſe, au lieu de quatre, la Requête préſentée à notre Procureur au Châtelet, touchant ledit établiſſement, & ſon Avis, le tout ci-attaché ſous le contre-ſel de notre Chancellerie : De l'Avis de notredit Conſeil, Nous avons leſdits anciens Statuts, Ordonnances & Reglemens, confirmés & confirmons, & ledit nouvel établiſſement de ſix Maîtres & Gardes, agréé, ratifié & approuvé, agréons, ratifions & approuvons de grace ſpéciale, pleine Puiſſance & Autorité Royale, par ces Préſentes ; voulons, ordonnons & Nous plaît qu'ils aient lieu & ſoient doreſnavant & à toujours inviolablement gardés, obſervés & entretenus de point en point, ſelon leur forme & teneur, ſans qu'il y ſoit contrevenu en quelque ſorte & maniere que ce ſoit, ſur les peines & amendes portées par iceux. Si donnons en mandement à nos amés & féaux les Gens tenans notre Cour de Parlement, Prévôt de Paris, ou ſon Lieutenant, & notre Procureur audit Châtelet, que les anciens Statuts, Ordonnances & Reglemens, nouvel établiſſement de ſix Maîtres & Gardes de ladite marchandiſe de Bonneterie, au lieu de quatre, & ces Préſentes ils faſſent publier, regiſtrer, garder & obſerver & entretenir inviolablement, ſans permettre ni ſouffrir qu'il y ſoit contrevenu directement ou indirectement, en quelque sorte & maniere que ce soit, sur les peines & amendes ordonnées par iceux contraignans ; à ce faire, souffrir & obéir tous ceux qu'il appartiendra, par toutes voies dûes & raisonnables ; CAR tel est notre plaisir : & afin que ce soit chose ferme & stable à toujours, Nous avons fait mettre notre scel à cesdites Présentes. DONNÉ à Chaillot au mois de Mai l'an de grace 1638, & de notre Regne le vingt-neuviéme. Par le Roi, *signé* DE LA TOUR, avec grille & paraphe, & scellé du sceau de cire verte, avec lacets de soie verte & rouge. Sur le repli est écrit : Registrées, oüi le Procureur General du Roi, pour jouir par les Impétrans de l'effet & contenu en icelles, selon leur forme & teneur, à Paris en Parlement, le 5 Juin 1638, *signé* DU TILLET, avec paraphe. Et plus bas est encore écrit : Registrées au douziéme Volume des Bannieres, Registre ordinaire du Châtelet de Paris, ce requérant Me Michel Haudry, Procureur audit Châtelet, Procureur des Impétrans, pour leur servir & y avoir recours quand besoin sera. Ce fut fait audit Châtelet le Vendredi 25e jour de Juin 1638. *Signé* FAUSSET, avec paraphe.

ARREST
DE LA COUR DE PARLEMENT,

PORTANT enregiſtrement des Lettres de confirmation du mois de Mai 1638.

EXTRAIT DES REGISTRES DU PARLEMENT,

Du 5 Juin 1638.

VU par la Cour les Lettres Patentes données à Chaillot au mois de Mai 1638, ſignées ſur le repli, Par le Roi, DE LA TOUR, & ſcellées ſur lacs de ſoie du grand ſceau de cire verte, par leſquelles, pour les cauſes y contenues, ledit Seigneur confirme les anciens Statuts, Ordonnances & Reglemens de la Communauté des Maîtres du Métier de Bonneterie de cette Ville de Paris, ci-devant à eux accordés par Lettres Patentes du mois de Janvier 1549, Mars 1563, & Février 1608, attachés ſous le contre-ſcel, avec les Arrêts de vérification d'icelles; enſemble agrée, ratifie & approuve le nouvel etabliſſement de ſix Maîtres & Gardes de ladite marchandiſe, au lieu de quatre qui avoient accoutumé d'être élus, conformément à l'Avis du Subſtitut du Procureur General du Roi au Châtelet; leſdits Avis, Lettres Patentes & Arrêt de vérification d'icelle; Requête par les Maîtres dudit

Métier de Bonnetier, à la Cour présentée le 28 Mai, afin de vérification d'icelles ; Conclusions du Procureur General du Roi, tout considéré : LADITE COUR a ordonné & ordonne que lesdites Lettres seront registrées au Greffe d'icelle, pour jouir par les Impétrans de l'effet & contenu en icelles. Fait en Parlement ce 5e Juin 1638. *Collationné, signé* GUYET, avec paraphe.

ARREST

DE LA COUR DU PARLEMENT,

QUI reçoit les cinq autres Corps des Marchands de Paris Opposans à l'enregistrement des Lettres de confirmation des Statuts des Marchands Merciers.

EXTRAIT DES REGISTRES DU PARLEMENT,

Du 26 Janvier 1647.

ENTRE les Maîtres & Gardes de la marchandise de Mercerie, Grosserie & Jouaillerie de cette Ville de Paris, Demandeurs en vérification & enregistrement de Lettres Patentes par eux obtenues du Roi au mois d'Août 1645, portant confirmation de leurs anciens Statuts y mentionnés, suivant la Requête par eux présentée à la Cour le 12 dudit mois d'Août 1645, & encore Demandeurs en autre

Requête par eux aussi présentée à la Cour le 18 Août 1646, afin d'être lesdites Lettres Patentes verifiées purement & simplement, & ordonné qu'elles seront registrées à la maniere accoutumée, nonobstant les oppositions formées à icelle par les Opposans ci-après nommés, dont ils seroient déboutés & condamnés en l'amende & aux dépens, ou du moins en cas de contestation par provision, & Défendeurs, d'une part; & les Maîtres & Gardes de la marchandise de Draperie de cette Ville de Paris, Opposans à ladite vérification & enregistrement desdites Lettres, & Défendeurs esdites deux Requêtes présentées par lesdits Gardes de la Mercerie les 12 Août 1645, & 18 Août 1646, & Demandeurs à l'enterinement d'autres Requêtes par lesdits Gardes de la Draperie présentées les 19 Mars & 28 Août 1646, à ce que leurdite opposition formée à la vérification & enregistrement desdites Lettres Patentes du mois d'Août 1645, soit & demeure jointe à la premiere Instance d'opposition par eux formée à l'exécution d'autres Lettres de confirmation obtenues par lesdits Gardes de la Mercerie, au mois de Janvier 1613, & Arrêt de vérification d'icelle, du mois de Mars audit an, distribué à Me Dreux Hennequin, Conseiller en ladite Cour, pour être jugés conjointement, & en conséquence qu'ils soient reçus Opposans à l'Ordonnance, de parler sommairement à Me Jean Caquelay, Conseiller en ladite Cour, en faisant droit sur ladite opposition, seront réglés sur l'opposition desdits Gardes de la Draperie ausdites Lettres de confirmation du mois d'Août 1645, obtenues par lesdits Merciers, & jointes à ladite Instance d'opposition distribuée audit Me Dreux Hennequin, d'autre part; & encore les Maîtres & Gardes des Apoticaires & Epiciers de notredite Ville de Paris, aussi Opposans à la vérification & enregistrement desdites Lettres, obtenues par lesdits Merciers au mois d'Août 1645, & Défendeurs esdites deux Requêtes par eux présentées à ladite Cour le 12 Août 1645, & 18 Août 1646, & Demandeurs à l'enterinement de deux Requêtes par eux présentées à ladite Cour les 19 Mars & 27 Août 1647, afin d'être reçus Parties intervenantes en ladite Instance d'opposition distribuée audit Me Dreux Hennequin, & Opposans ausdites Lettres obtenues par lesdits Merciers au mois de Janvier 1613, & Arrêt de vérification d'icelles, du mois de Mars audit an, & en conséquence qu'ils auront communication de ladite Instance, & outre reçus Opposans aux Ordonnances de parler sommairement audit Me Jean Caquelay, ensemble à toute la procédure faite ensuite d'icelle, d'une autre part; les Maîtres & Gardes de la Pelleterie de cette même Ville de Paris, aussi Opposans à la verification des susdites Lettres obtenues par lesdits Merciers en 1645, & Défendeurs aux Requêtes par lesdits Merciers présentées les 12 Août 1645 & 18 Août 1646, d'une autre part; les Maîtres & Gardes de la Bonneterie, pareillement Opposans ausdites Lettres & Requêtes obtenues & présentées par lesdits Merciers, & Demandeurs en autre Requête par iceux Maîtres & Gardes de la Bonneterie présentée le le 28 Août 1646, afin d'être reçus Opposans ausdites Ordonnances de parler sommairement audit Me Jean Caquelay, & y faisant droit, que le tout soit joint à l'Instance principale, distribué audit Me Dreux Hennequin, d'une autre part; & les Maîtres & Gardes de l'Orféverie d'icelle dite Ville de Paris, semblablement Opposans à la vérification & enregistrement des susdites Lettres obtenues par lesdits Merciers au mois d'Août 1645, & Défendeurs ausdites Requêtes des 12 Août 1645 & 18 Août 1646, & Demandeurs à l'enterinement d'une autre Requête par eux présentée le 21 Mars 1646, à ce que iceux Maîtres & Gardes de l'Orfévrerie soient reçus Opposans à la verification desdites Lettres Patentes & Arrêts de verification d'icelles de l'année 1613, & encore à celles du mois d'Août 1645, aussi obtenues par lesdits Merciers, d'autre part, sans que les qualités puissent nuire ni préjudicier, après que les Avocats & Procureurs des Parties ont communiqué au Parquet des Gens du Roi, & par leur Avis demeurés d'accord de l'appointement qui ensuit appointé est : oüi sur ce le Procureur General du Roi, que La Cour a reçu & reçoit lesdits Maîtres & Gardes de la Draperie, Apoticairerie, Epicerie, Pelleterie, Bonneterie & Orfévrerie, Opposans aux Ordonnances à parler sommairement à Me Jean Caquelay, Conseiller en ladite Cour ; & y faisant droit sur les oppositions à la verification & enregistrement desdites Lettres Patentes du mois d'Août 1645, obtenues par lesdits Maîtres & Gardes de la Mercerie, ensemble ſur les Requêtes deſdits Maîtres & Gardes de la Mercerie, du 12 Août 1645, & 18 Août 1646, a appointé & appointe les Parties à produire tout ce que bon leur ſemblera dans huitaine, pardevers la Cour; pendant lequel temps les Oppoſans fourniront leurs cauſes d'oppoſition, ſeront les productions communiquées, pour contre icelles bailler contredits & ſalvations dans le temps de l'Ordonnance, & à fin de dépens, dommages & intérêts. Fait en Parlement le 29 Janvier 1647. *Collationné*, *ſigné* VENANT, avec paraphe. A côté, *ſigné* DUFRANC, avec paraphe.

DECLARATION DU ROI,

Laquelle est enregistrée en Parlement, aux conditions que les Merciers ne pourront s'en servir contre autres que ceux de leur Corps qui voudront contrevenir à leurs Statuts, & qu'elle ne pourra nuire ni préjudicier aux Opposans à la vérification des Lettres de confirmation d'iceux, par eux obtenues au mois d'Août 1645.

Du premier Mai 1653.

LOUIS, PAR LA GRACE DE DIEU, ROI DE FRANCE ET DE NAVARRE : A tous ceux qui ces présentes Lettres verront, SALUT. Nos prédécesseurs Rois connoissans que le Commerce est l'un des plus puissans moyens d'accroître & enrichir les Etats & les Villes, comme aussi que les choses établies avec ordre & police, sont celles qui se maintiennent, auroient concédé & accordé aux Maîtres & Gardes de la marchandise de Mercerie, Grosserie & Jouaillerie de notre bonne Ville, Fauxbourgs & Banlieue de Paris, plusieurs Statuts, Privileges & Reglemens pour l'achat & vente des marchandises dont ceux de leur Corps sont trafic ; & par iceux voulu entr'autres choses, que la liberté de vendre en ladite Ville les marchandises dépendantes de ladite Mercerie, Grosserie & Jouaillerie, appartînt seulement à ceux qui sont reçus Maîtres dudit Etat, sans que les Marchands Forains en pussent vendre, sinon en temps des Foires de S. Germain, S. Denis, & du Landy, avec prohibition & défenses d'en amener en autre temps, sinon en les faisant descendre au Bureau desdits Maîtres & Gardes, pour y être vûes & visitées, y demeurer ensuite jusqu'au temps desdites Foires, & payer un denier tournois pour livre, tant pour visitation que pour la garde desdites marchandises : Ce que nosdits prédécesseurs Roys auroient voulu être observé si exactement, qu'en cas de contravention ils ont ordonné la confiscation des marchandises ; que les contrevenans fussent aussi condamnés en l'amende, & même la confiscation des bateaux, chevaux & charettes des Voituriers, lesquels amenant desdites marchandises en autres temps que de Foires, les descendroient ailleurs qu'audit Bureau : & dans l'intention qu'ils ont eu de conserver ledit Negoce en notredite Ville de Paris, & au Corps desdits Marchands Merciers, Grossiers & Jouailliers, fait défenses expresses à tous ceux dudit Corps, de contracter association avec Etrangers ou Forains, ni leur prêter leurs noms & marques ; & à tous Hôteliers, & autres personnes, d'en faire vente par commission pour Marchands Etrangers, Forains, ou autres, ni de souffrir qu'il s'en fît chez eux & en leurs hôtelleries, ſous les mêmes peines de confiſcation ; d'amende, & d'être déchus de la Maîtriſe. NÉANMOINS leſdits Maîtres & Gardes Nous ayant fait entendre que journellement pluſieurs particuliers habitans de notredite Ville, & même aucuns dudit Corps par conſidération de parenté, alliance ou interêt, contractent, au mépris deſdits Statuts & Reglemens, des ſociétés avec des Marchands Forains & Etrangers, en conſéquence deſquelles ils reçoivent & débitent les marchandiſes qui leur ſont envoyées ; ce que d'autres font par commiſſion, dont le Public reçoit un préjudice notable, leſdites marchandiſes n'étant viſitées, & leſdits Maîtres & Gardes, ainſi que tous les autres Marchands Merciers & Jouailliers de notredite Ville de Paris, en ce qu'ils demeurent ſans commerce, leſdits Forains & Etrangers faiſant par cette voie tout le négoce qui appartient auſdits Maîtres & Gardes, & à ceux de leur Corps ; bien qu'il ſoit abſolument défendu auſdits Etrangers & Forains par leſdits Statuts & Reglemens, qui ne leur en donnent la liberté qu'en temps de Foires : Comme auſſi, qu'ayant fait procéder par voie de ſaiſie ſur pluſieurs marchandiſes trouvées ès mains de perſonnes qui les reçoivent de la part des Etrangers & Forains, en conſéquence d'aſſociation, ou autrement, ou pour les vendre par commiſſion, & en ayans prétendu la confiſcation aux termes deſdits Statuts, NOTRE PREVÔT de Paris auroit ſimplement condamné quelques-uns en des amendes, & d'autres à payer auſdits Maîtres & Gardes le denier pour livre deſdites marchandiſes par eux vendues, ſous prétexte d'aſſociation ou de commiſſion, au lieu de ladite confiſcation, par une eſpece de compenſation du droit de viſite à eux accordé ſur les marchandiſes qui peuvent être amenées par les Marchands Etrangers & Forains hors le temps des Foires, & qui doivent demeurer dans leur Bureau pour y être viſitées & conſervées juſqu'au temps d'icelles; bien que la confiſcation des choſes ſaiſies dût être jugée aux termes deſdits Statuts, & l'adjudication du denier pour livre du prix des marchandiſes vendues par commiſſion ou aſſociation avant leſdites ſaiſies par les contrevenans. Mais comme ces condamnations ne ſont pas capables d'arrêter & empêcher le deſordre que cauſe l'envoi deſdites marchandiſes ainſi fait par leſdits Marchands Forains & Etrangers, & que le Public en ſouffre un notable interêt, leſdites marchandiſes étant d'ordinaire défectueuſes, & n'ayant pas les qualités qu'elles doivent avoir; ce qui s'eſt même rencontré pendant la Foire de S. Germain derniere, en laquelle leſdits Maîtres & Gardes ayant fait la viſite accoutumée, il ne s'eſt point ou fort peu trouvé de marchandiſe de la qualité requiſe. A quoi deſirant pourvoir, & ayant mis l'affaire en délibération en notre Conſeil, auquel ont été vûs leſdits Statuts, Ordonnances & Jugemens: Nous, de l'Avis d'icelui, & de notre certaine Science, pleine Puiſſance & Autorité Royale, avons dit, déclaré & ordonné, diſons, déclarons & ordonnons par ces préſentes, pour ce ſignées de notre main, voulons & Nous plaît, qu'en exécutant leſdits Statuts & Reglemens concédés & accordés par nos prédécesseurs Rois, Charles IX, des années 1567 & 1570, & par nos très-honorés Seigneurs Ayeul & Pere, Henri IV & Louis XIII de très-heureuse mémoire, des années 1601 & 1613, confirmés ausdits Maîtres & Gardes depuis notre avenement à la Couronne, par nos Lettres Patentes du mois d'Août 1645. Que doresnavant, en cas de contravention ausdits Statuts & Reglemens par aucuns desdits habitans de notredite Ville de Paris, Marchands Merciers, ou autres, & de saisie des marchandises vendues par quelques particuliers, même Merciers, Grossiers & Jouailliers, soit en conséquence d'association avec Forains & Etrangers, ou par commission; non seulement les contrevenans soient déclarés déchûs de ladite Maîtrise, mais encore les marchandises qui seront saisies, confisquées, avec condamnation d'amende, ainsi qu'il est porté par lesdits Statuts & Reglemens, & le droit dudit denier pour livre payé ausdits Maîtres & Gardes, du prix de toutes les marchandises qui auront été vendues sous prétexte d'association ou commission : Et qu'à cette fin lesdits Maîtres & Gardes, ainsi qu'il leur est permis par lesdits Statuts & Reglemens, & que Nous leur permettons encore par ces Présentes, puissent procéder par voie de saisie sur les Livres de ceux lesquels se trouveront en contravention, pour les examiner, connoître ce qu'ils en auront vendu, & servir à la liquidation dudit droit de denier pour livre desdites marchandises vendues en conséquence d'association ou commission. SI DONNONS EN MAN-

DEMENT à nos amés & féaux Conſeillers, les Gens tenans notre Cour de Parlement à Paris, que nos préſentes Lettres de Déclaration ils faſſent verifier, publier & enregiſtrer, & du contenu en icelles faire jouir & uſer leſdits Maîtres & Gardes pleinement & paiſiblement, & y obéir par ceux qu'il appartiendra, ſans y faire ni apporter aucune difficulté ; CAR tel eſt notre plaiſir : En témoin de quoi Nous avons fait mettre notre ſcel à ceſdites Préſentes. DONNÉ à Paris le premier jour de Mai, l'an de grace 1653, & de notre Regne le dixiéme. *Signé* LOUIS : Et plus bas, Par le Roi, DE GUENEGAUD. Et ſcellé du grand ſceau de cire jaune. Et ſur le repli eſt écrit :

Regiſtrées, oüi & ce conſentant le Procureur General du Roi, pour être exécutées ſelon leur forme & teneur, aux charges & conditions portées par la Requête du 30 Juin dernier, préſentée par leſdits Impétrans. A Paris en Parlement le 14 Juillet 1653. Signé DU TILLET.

EXTRAIT DES REGISTRES DE PARLEMENT.

VU par la Cour les Lettres Patentes du Roi en forme de Déclaration, données à Paris le premier Mai 1653, ſignées LOUIS, & plus bas, Par le Roi, DE GUENEGAUD, & ſcellées ſur double queue du grand ſceau de cire jaune, obtenues par les Maîtres & Gardes de la marchandiſe de Mercerie, Groſſerie & Jouaillerie de la Ville de Paris ; par

par lesquelles, & pour les causes y contenues, ledit Seigneur, après avoir fait voir en son Conseil les Statuts, Ordonnances & Reglemens concedés par les Rois ses Prédécesseurs, Charles IX, Henri IV & Louis XIII d'heureuse mémoire, ausdits Maîtres & Gardes de Grosserie, Mercerie & Jouaillerie de ladite Ville, Fauxbourgs & Banlieue de Paris, pour l'achat & vente des Marchandises dont ceux de leur Corps faisoient trafic; même les Sentences du Prévôt de Paris, portant des condamnations contre les contrevenans ausdits Statuts verifiés en la Cour; auroit, de l'Avis de sondit Conseil, dit, déclaré & ordonné, veut & lui plaît, qu'*en exécutant lesdits Statuts & Reglemens des années 1567, 1570, 1601 & 1613, par ledit Seigneur confirmés ausdits Maîtres & Gardes depuis son avenement à la Couronne, par ses Lettres Patentes du mois d'Août 1645*, que doresnavant, en cas de contravention ausdits Statuts & Reglemens par aucuns des Habitans de ladite Ville de Paris, Marchands Merciers, & autres, & de saisie des marchandises vendues par quelques particuliers, & même Merciers, Grossiers & Jouailliers, soit en conséquence d'association avec Forains ou Etrangers, ou par commission; non seulement les contrevenans soient déclarés déchûs de ladite Maîtrise, mais encore les marchandises saisies, confisquées, avec condamnation d'amende, ainsi qu'il étoit porté par lesdits Statuts & Reglemens, & le droit d'un denier pour livre payé ausdits Maîtres & Gardes, du prix de toutes les marchandises qui auroient été vendues sous prétexte d'aſſociation ou commiſſion ; & qu'à cette fin leſdits Maîtres & Gardes, ainſi qu'il leur étoit permis par leſdits Statuts & Reglemens, & qu'il leur permet encore, puiſſent procéder par voies de ſaiſie ſur les Livres de ceux leſquels ſe trouveroient en contravention pour les examiner, connoître ce qu'ils en auroient vendu, & ſervir à la liquidation dudit droit de denier pour livre deſdites marchandiſes vendues en conſéquence d'aſſociation ou commiſſion, ainſi que plus au long eſt porté par ladite Déclaration à la Cour adreſſante. Vû auſſi leſdits Statuts, Ordonnances & Reglemens regiſtrés en ladite Cour, & Sentences dudit Prévôt de Paris, attachés ſous le contre-ſcel de la Chancellerie ; leſdites Lettres de confirmation dudit Seigneur Roi du mois d'Août 1645. *Requête préſentée à ladite Cour par leſdits Maîtres & Gardes du 26 Juin dernier, à fin d'enterinement deſdites Lettres ; autre Requête préſentée à ladite Cour le 30 dudit mois de Juin, contenant la déclaration deſdits Maîtres & Gardes, qu'ils n'entendent ſe prévaloir de ladite Déclaration du premier Mai, contre autres que ceux de leur Corps qui voudroient contrevenir à leurs Statuts, & de ce qu'ils conſentent qu'elle ne puiſſe nuire ni préjudicier aux Oppoſans à la vérification des Lettres de confirmation de leurſdits Statuts & Privileges par eux obtenus au mois d'Août audit an 1645.* Concluſions du Procureur General du Roi ; & tout conſidéré : LA COUR a ordonné & ordonne que leſdites Lettres en forme de Déclaration ſeront regiſtrées au Greffe d'icelle, pour être exécutées ſelon leur forme & teneur ; *aux charges & conditions portées par la Requête desdits Impétrans dudit jour* 30 *Juin dernier*. FAIT en Parlement le quatorziéme Juillet mil six cens cinquante-trois. *Signé* GUYET.

Collationné aux Originaux par moi Conseiller Secrétaire du Roi & de ses Finances.

De l'Imprimerie de KNAPEN, au bas du Pont S. Michel. 1758.

www.ingramcontent.com/pod-product-compliance
Lightning Source LLC
LaVergne TN
LVHW052034160826
845678LV00003B/1343
* 9 7 8 2 3 2 9 6 1 9 8 1 1 *